BEI GRIN MACHT SICH IHR WISSEN BEZAHLT

- Wir veröffentlichen Ihre Hausarbeit, Bachelor- und Masterarbeit

- Ihr eigenes eBook und Buch - weltweit in allen wichtigen Shops

- Verdienen Sie an jedem Verkauf

Jetzt bei www.GRIN.com hochladen und kostenlos publizieren

Bibliografische Information der Deutschen Nationalbibliothek:

Die Deutsche Bibliothek verzeichnet diese Publikation in der Deutschen Nationalbibliografie; detaillierte bibliografische Daten sind im Internet über http://dnb.d-nb.de/ abrufbar.

Dieses Werk sowie alle darin enthaltenen einzelnen Beiträge und Abbildungen sind urheberrechtlich geschützt. Jede Verwertung, die nicht ausdrücklich vom Urheberrechtsschutz zugelassen ist, bedarf der vorherigen Zustimmung des Verlages. Das gilt insbesondere für Vervielfältigungen, Bearbeitungen, Übersetzungen, Mikroverfilmungen, Auswertungen durch Datenbanken und für die Einspeicherung und Verarbeitung in elektronische Systeme. Alle Rechte, auch die des auszugsweisen Nachdrucks, der fotomechanischen Wiedergabe (einschließlich Mikrokopie) sowie der Auswertung durch Datenbanken oder ähnliche Einrichtungen, vorbehalten.

Impressum:

Copyright © 2016 GRIN Verlag
Druck und Bindung: Books on Demand GmbH, Norderstedt Germany
ISBN: 9783668966734

Dieses Buch bei GRIN:

https://www.grin.com/document/489402

Anonym

Wolfgang Borcherts Kurzgeschichte "Nachts schlafen die Ratten doch" als typisches Beispiel der Trümmerliteratur

GRIN Verlag

GRIN - Your knowledge has value

Der GRIN Verlag publiziert seit 1998 wissenschaftliche Arbeiten von Studenten, Hochschullehrern und anderen Akademikern als eBook und gedrucktes Buch. Die Verlagswebsite www.grin.com ist die ideale Plattform zur Veröffentlichung von Hausarbeiten, Abschlussarbeiten, wissenschaftlichen Aufsätzen, Dissertationen und Fachbüchern.

Besuchen Sie uns im Internet:

http://www.grin.com/

http://www.facebook.com/grincom

http://www.twitter.com/grin_com

Inhaltsverzeichnis

	Seite
1. Einleitung	2
2. Der Wandel der deutschen Literatur ab 1945	3
2.1 Die Kurzgeschichte als Modell für die Trümmerliteratur	3
2.2 Die Multifunktionalität des Negativen	4
2.3 Das Negative als Katalysator für neue Handlungsweisen	4
2.4 Die Grundstruktur der Borchert-Geschichten	5
2.5 Die junge Generation aus der Sicht von Borchert	6
3. Untersuchung der Kurzgeschichte „Nachts schlafen die Ratten doch"	6
3.1 Inhalt der Kurzgeschichte	7
3.2 Struktur der Kurzgeschichte	7
3.3 Leblosigkeit vs. Lebendigkeit	8
3.4 Kind- vs. Erwachsensein	10
3.5 Der Kernsatz der Kurzgeschichte	11
4. Fazit	12
5. Literaturverzeichnis	13

1. Einleitung

[...] es war Krieg gewesen, sechs Jahre lang, wir kehrten heim aus diesem Krieg, wir fanden Trümmer und schrieben darüber. Merkwürdig, fast verdächtig war nur der vorwurfsvolle, fast gekränkte Ton, mit dem man sich dieser Bezeichnung [Trümmerliteratur] bediente. [...] man schien uns zwar nicht verantwortlich zu machen dafür, daß Krieg gewesen, daß alles in Trümmern lag, nur nahm man uns offenbar übel, daß wir es gesehen hatten und sagten, aber wir hatten keine Binde vor den Augen und sahen es: ein gutes Auge gehört zum Handwerkszeug des Schriftstellers.[1]

„1945 war für die deutsche Literatur ein neuer Anfang."[2] Der Nationalsozialismus war zusammengebrochen, geflohene Autoren kehrten zurück in ihr Heimatland und der Einzug der Siegermächte führte zur Expansion deren Literatur. Diese hatte einen großen Einfluss auf die westdeutsche literarische Kunst. Doch zum Vorschein kam auch etwas völlig Neuartiges. Hierbei ging es um Heimkehrer, die weder vergessen konnten, noch wollten, was ihnen im Krieg widerfahren war. Aufgrund des Inhalts und Stils, wurden ihre ersten literarischen Werke nach 1945 mit „Trümmerliteratur" betitelt.[3] Denn kennzeichnend hierfür ist vor allem die negative Atmosphäre, die durch das Nacherzählen von Kriegsereignissen und das Schildern von Kriegsorten entstand.[4] Da es sich bei den meisten Autoren um junge Männer drehte, die nach dem Krieg festgehalten wurden oder heimkehrten, trugen diese den Namen „die junge Generation".

Einer der bekanntesten Autoren der Trümmerliteratur war Wolfgang Borchert. In der vorliegenden Seminararbeit möchte ich mich deshalb einer seiner Kurzgeschichten widmen. Da mich „Nachts schlafen die Ratten doch" beim ersten Lesen besonders ergriffen hat, werde ich diese Geschichte etwas genauer betrachten. Anhand seiner Kurzgeschichte soll beispielhaft dargestellt werden, warum es sich hier um ein typisches Werk der Nachkriegsliteratur handelt. Dabei wird zuerst ein grober Hintergrund über verschiedene Merkmale der Trümmerliteratur geschaffen und im Anschluss erarbeitet, ob und wie sich diese in dem zu untersuchenden Werk wiederfinden lassen. Die wohl größte Rolle werden dabei die Negativität und die Entwicklungsprozesse spielen, die der Protagonist durchlebt.

---

1 Joseph L. Brockington: „Ein Ja in das Nichts hineinbauen: Möglichkeiten und Formen der Hoffnung in der Literatur der Nachkriegsgeneration. Wolfgang Borchert und die ‚junge Generation'." In: Gordon Burgess/Hans-Gerd Winter (Hg.): *Pack das Leben bei den Haaren. Wolfgang Borchert in neuer Sicht.* Hamburg 1996. S. 22–35, hier: S. 24.
2 Hu Zongjian: „‚Trümmerliteratur' und ‚Wundenliteratur' (*Arcadia. International Journal for Literary Studies*, 01. Jan. 1987)". http://www.digibib.net/permalink/468/EDS/edb:103107129 (21.09.2016). S. 193.
3 Vgl. ebd., S. 193 f.
4 Vgl. Brockington: „Ein Ja in das Nichts hineinbauen", S. 24.

2. Der Wandel der deutschen Literatur ab 1945

Mit dem Ende des zweiten Weltkriegs begann in Deutschland die Verbreitung der Literatur der Siegermächte. So beeinflussten beispielsweise die Werke der amerikanischen Schriftsteller Faulkner und Hermingway und die der französischen Autoren Camus und Sartre spürbar die westdeutsche Literatur.[5] Hinzu kamen die Kriegsheimkehrer, die versuchten ihre Erlebnisse in ihren Schriften zu verarbeiten. Sie – die junge Generation – stellte ihre Erfahrungen nicht harmloser dar, als sie sich ereignet hatten. Es wurde über die Folgen des Krieges, das Leben in Ruinen, Hunger und Tod geschrieben, wodurch die Negativität an Oberhand gewann.[6,7] Doch die junge Generation wollte dadurch noch etwas anderes erreichen: sie „hofften [...] eben jenen ‚Prozeß der Weltwende' zu fördern, um dadurch eine neue, hoffnungsvollere Zukunft näherzubringen."[8]

2.1 Die Kurzgeschichte als Modell für die Trümmerliteratur

„[...] der Mensch [...], der nichts hat als seine nackte Existenz"[9], sollte das Zentrum der Trümmerliteratur bilden. Es tauchten viele Eigenschafen auf, die für die amerikanische „short story" typisch waren. Zum Beispiel zeichnen sich Werke durch Karg- und Einfachheit aus, sie sind angelehnt an realitätsnahe Erlebnissen aus dem Alltag, dargestellte Figuren sind oft typisiert und der Erzähler bleib meist teilnahmlos. Hierbei handelt es sich nicht um Einzelfälle, ganz im Gegenteil. Der Großteil der deutschen Nachkriegsautorinnen und -autoren wendete sich der Adaptation der „short story" zu. Hierzu zählen neben Borchert und Böll unter anderem Elisabeth Langgässer, Ilse Aichinger und Marie Luise Kaschnitz. Schließlich passten sie sich somit zeitgemäßeren Schreibstilen an, zu welchen ihnen ein früherer Zugang aufgrund des Nationalsozialismus verwehrt wurde. Verschiedene Autoren vergrößerten die Vielfalt der Gattung der Kurzgeschichte und die Aufnahme dieser als feste Komponente in Literaturzeitschriften sorgte für die Ausbreitung der „neuen" Prosaform. Außerdem kam die Kurzprosa der Nachkriegszeit, in der höchste Papierknappheit vorherrschte, entgegen. Denn kürzere Werke ließen sich wesentlich einfacher veröffentlichen als ellenlange Erzählungen und Romane.[10]

---

5   Vgl. Hu Zongjian: „‚Trümmerliteratur' und ‚Wundenliteratur'", S. 193.
6   Vgl. Brockington: „Ein Ja in das Nichts hineinbauen", S. 24.
7   Vgl. Anne-Rose Meyer: *Die deutschsprachige Kurzgeschichte. Eine Einführung.* Berlin 2014. S. 103.
8   Nach Brockington: „Ein Ja in das Nichts hineinbauen", S. 24.
9   Anne-Rose Meyer: *Die deutschsprachige Kurzgeschichte*, S.104.
10 Vgl. ebd., S. 104 ff.

2.2 Die Multifunktionalität des Negativen

Neben vielen Eigenschaften der Kurzgeschichte weist die Trümmerliteratur vor allem eines auf: eine grundsätzlich negative Atmosphäre. Wie bereits erwähnt, kam diese vor allem dadurch zustande, dass sich Inhalte dieser Werke auf das Nachzeichnen von Umständen der Nachkriegszeit beschränkten. Die Absicht, welche die junge Generation damit verfolgte, war die Verbreitung von Hoffnung auf den Beginn von etwas Neuem. Sie sahen die Multifunktionalität des Negativen. Es diente als Grundlage des Werks, als Ort der Handlung und als Auslöser für neue Handlungsweisen der Menschen. Keiner sollte vor der Realität die Augen verschließen. Ziel war es, die Menschen mit den Konsequenzen des Krieges zu konfrontieren und mit der „endgültigen Zerstörung des Alten"[11] in Form der Trümmer den Beginn einer neuen Zeit zu verkünden.[12]

> Und als sich mit dem zu Ende gehenden Krieg alles als falsch, ja als böser Wahnsinn erwies, wollten sie es nicht mehr wahrhaben. Sie verdrängten es. [...] Die Menschen waren einfach erschöpft [...] Aber es fielen keine Bomben mehr [...] Jetzt sollte eine neue Zeit beginnen. Der Krieg war aus, man hatte ihn überlebt, das war die Hauptsache.[13]

Indem sich die Menschen klar darüber werden sollten, dass der Krieg und die Angst nun hinter ihnen lagen, sollte die vorherrschende Trägheit bekämpft und der Wille nach einem Neuanfang gestärkt werden.

2.3 Das Negative als Katalysator für neue Handlungsweisen

Nun weist ein Großteil der Literatur der jungen Generation als Ausgangspunkt ein negatives (Kriegs-)Ereignis auf. Daraufhin treffen in der Regel zwei Menschen aufeinander, von denen meist einer – es können auch beide sein – von ihrer Umwelt abgeschnitten sind. Die beiden haben durch humanen Kontakt zueinander die Option sich gegenseitig zu helfen, um aus ihrer Misere zu entkommen. In diesem Fall fungiert das Negative als Auslöser oder sogenannter Katalysator. Dieser soll Hoffnung auf die Überwindung des Leids und auf neue Verhaltensweisen erzeugen. Folglich kann das Aufeinandertreffen der beiden Personen drei Ausgänge nehmen:[14]

Beim ersten möglichen Ausgang, den die Geschichte nehmen kann, handelt es sich um keinen „guten" Ausgang. Hier sind die Figuren zu sehr in ihren bisherigen

---

11 Brockington: „Ein Ja in das Nichts hineinbauen", S. 25.
12 Vgl. ebd., S. 25.
13 Ebd., S. 25.
14 Vgl. ebd., S. 28 f.

Handlungsweisen verharrt. Sie können oder wollen sich nicht davon lösen, sodass bei ihrer Begegnung nichts geschieht. Die zweite Möglichkeit beinhaltet eine Person, die erneut nicht dazu bereit ist sich von der Vergangenheit zu lösen, während die andere Person bereit dazu ist sich an einem neuen Verhalten zu probieren. Erneut kann sich kein neues, durch Hoffnung gekennzeichnetes Verhältnis zwischen einem Ich und einem Du bilden. Betrachtet man die Bandbreite von Werken, so fällt auf, dass die ersten beiden Möglichkeiten am häufigsten auftreten. Dementsprechend ist es den Figuren zumeist nicht möglich ihr Leid der Vergangenheit oder auch politische und moralische Werte abzulegen. Die „neue" Handlungsweise wird in unterschiedlich frühen oder späten Stadien abgebrochen, die nur der Leser identifizieren kann. Nur ihm ist es möglich festzustellen, inwieweit dem Menschen ein Prozess, der zu einem positiven Ende geführt hätte, gelungen ist. Obwohl diese beiden ersten Ausgänge keine Adaptation neuer Lebensstile mit sich bringen, regen gerade sie eine Auseinandersetzung des Lesers mit den möglichen Ursachen des Missglückens an. Denn ein positives Ende kann schnell als belanglos empfunden werden. Schlussendlich gibt es noch ein drittes Ende, welches eintreten kann. In diesem Fall gelingt es beiden Individuen ihre alte Lebensart abzulegen und den menschlichen Kontakt zu riskieren. Ein solches Ende findet sich eher selten in der Trümmerliteratur vor. Schließlich war die junge Generation skeptisch gegenüber patenter Antworten. Nichtsdestotrotz gelingt hier das durch Hoffnung gekennzeichnete Verhältnis zwischen einem Ich und einem Du, nachdem sich erfolgreich von alten Wertsystemen getrennt wurde.[15]

2.4 Die Grundstruktur der Borchert-Geschichten

Repräsentativ für speziell Borcherts literarische Nachkriegswerke – in Form von Kurzprosa – ist eine stets wiederkehrende Grundstruktur. Charakterisierend hierfür ist ein Vorgang, der einen Anfangs-, Übergangs- und Endzustand beinhaltet.[16]

Während sich der Protagonist zu Beginn noch in einem (scheinbar) unbeschwerten Anfangszustand befindet, erreicht er im Übergangszustand ein Stadium des Ausgestoßenseins und der Disharmonie. Das Endstadium zeichnet sich dann durch eine unschlüssige Hauptperson aus, dessen Rückkehr zur (scheinbaren) Harmonie durch die Unterstützung von weiteren Figuren nahezu unmöglich erscheint. Da es sich hierbei nur um ein theoretisches Muster handelt, müssen Aufbau und Ablauf der Kurzgeschichte nicht immer mit diesem

15 Vgl. ebd., S. 29 f.
16 Vgl. ebd., S. 156.

konform gehen. Beispielsweise beginnen viele Geschichten Borcherts mit dem leidenden Übergangszustand, in dem sich die Hauptfigur befindet und Anfangs- und Endzustand lassen sich oft – wenn überhaupt – nur aus dem Kontext erschließen oder erahnen.[17]

2.5 Die junge Generation aus der Sicht von Borchert

Wolfgang Borchert war einer der ersten Autoren, der aussprach, was viele Heimkehrer erlebt hatten. Seine in der Kurzprosa auftauchenden Figuren, machten eine direkte Identifikation möglich. Denn er schrieb sowohl über Tote, als auch über Lebende und nahm kein Blatt vor den Mund. Er konfrontierte die Leser mit vergangenen Erlebnissen, vor denen die Menschen ihre Augen verschlossen hatten. Doch das wichtigste Anliegen war Hoffnung zu verbreiten. Hoffnung auf mögliche Wege hin zu einer besseren Zeit. Genau an dieser Hoffnung bedurfte es nämlich der jungen Generation. So formulierte Borchert einst:[18]

> Wir sind die Generation ohne Bindung und ohne Tiefe. Unsere Tiefe ist Abgrund. Wir sind die Generation ohne Glück, ohne Heimat und ohne Abschied, unsere Sonne ist schmal, unsere Liebe grausam und unsere Jugend ist ohne Jungend. Und wir sind die Generation ohne Grenzen, ohne Hemmung und Behütung – ausgestoßen aus dem Laufgitter des Kindseins in eine Welt, die die uns bereitet, die uns darum verachtet.[19]

Borchert fand sich mit der Jugend von damals verbunden und half ihnen ihrem Schicksal entgegenzutreten. Auch wenn seine literarischen Figuren oft hoffnungslos und isoliert sind, sollen sie sowohl die dargestellten Charaktere der Geschichte, als auch die Rezipienten des zum Denken und Handeln bewegen.[20]

3. Untersuchung der Kurzgeschichte „Nachts schlafen die Ratten doch"

Nachdem nun ein grober Überblick über die literarische Situation nach dem zweiten Weltkrieg geschaffen wurde, soll im Folgenden – mithilfe der im Vorhinein vorgestellten Merkmale – Borcherts Kurzgeschichte „Nachts schlafen die Ratten doch" als ein Werk der Trümmerliteratur identifiziert und bezüglich einzelner Aspekte analysiert werden.

---

17 Vgl. ebd., S. 157.
18 Vgl. Mahmoud Al-Ali: „Schuldkomplex der Heimkehrgestalt im literarischen Werk von Wolfgang Borchert". In: Claudia Glunz/Thomas F. Schneider (Hg.): *Krieg und Literatur/War and Literature. Jahrbuch/ Yearbook XIII (2007)*. Göttingen 2008. S. 104–111, hier: S. 104 ff.
19 Ebd., S. 105.
20 Vgl. ebd., S. 105 f.

3.1 Inhalt der Kurzgeschichte

Was den Inhalt der Kurzgeschichte betrifft, lässt sich eindeutig sagen, dass es sich hierbei um einen Text der Nachkriegs- beziehungsweise Trümmerliteratur handelt. Es tauchen drei für die Nachkriegsliteratur typische Requisiten, nämlich das Brot als Symbol für den Hunger, das Rauchen als Ablenkung und der Tod, auf.[21] Die Geschichte „Nachts schlafen die Ratten doch" spielt gegen Ende des zweiten Weltkriegs in einer zerstörten deutschen Stadt. Die Hauptfigur Jürgen befindet sich an dem zerbombten Haus seiner Familie und hält Totenwache. Sein Bruder wird vermisst und man muss annehmen, dass dieser unter den Trümmern liegt. Nun möchte Jürgen verhindern, dass dessen Leichnam von Ratten aufgefressen wird. Denn dass Ratten von Toten essen, weiß Jürgen von seinem Lehrer. Allerdings begegnet ihm ein Mann, der den noch sehr jungen Knaben in ein Gespräch verwickelt, um ihn vom Trümmerhaufen und seinem damit verbundenen Leid wegzulocken und wieder in die Realität und das Leben zurückzubringen. Dies gelingt dem Mann nur durch eine Notlüge. Er überzeugt Jürgen davon, dass die Ratten nachts schlafen und erzählt ihm von seinen Kaninchen. Beide einigen sich darauf, sich am Abend erneut zu treffen und gemeinsam zum Jungen nach Hause zu gehen. Dort wollen sie dann über den Bau eines Kaninchenstalls sprechen, damit Jürgen eines der Kaninchen des Mannes haben kann. Wie und ob die Geschichte ein positives Ende hat, bei dem Jürgen dem alten Mann erneut begegnet und sie gemeinsam zu ihm nach Hause gehen, bleibt offen.[22]

3.2 Struktur der Kurzgeschichte

Zunächst ist die Frage, ob sich die für Borchert-Geschichten typische Grundstruktur auf die zu untersuchende Kurzgeschichte übertragen lässt. Der harmonische Anfangszustand, in dem sich der Protagonist zu Beginn der Handlung befinden soll, ist bereits vergangen und typisch für eine Kurzgeschichte offen. Die Hauptfigur Jürgen wurde von seinen Mitmenschen isoliert.[23] Er hat durch eine Bombardierung seinen vierjährigen Bruder verloren und der Aufenthaltsort seiner Eltern ist unklar. Jürgen hält nahe des Leichnams Totenwache und genau dies beschreibt den Übergangszustand der Geschichte. Hierbei handelt es sich

---
21 Vgl. Hans-Gerd Winter: „Nachts schlafen die Ratten doch". In: Werner Bellmann (Hg.): *Interpretationen. Klassische deutsche Kurzgeschichten.* Stuttgart 2004. S. 46–51, hier: S. 48.
22 Vgl. Wolfgang Borchert: „Nachts schlafen die Ratten doch". In: Werner Bellmann (Hg.): *Klassische deutsche Kurzgeschichten.* Stuttgart 2003. S. 30 ff. Nach dieser Ausgabe wird künftig direkt im Text mit Seitenzahl zitiert.
23 Vgl. Hans-Gerd Winter: „Nachts schlafen die Ratten doch", S. 47.

um ein disharmonisches Stadium. Der Protagonist ist komplett von seiner Umwelt abgeschottet. Er kann nur durch die Hilfe einer weiteren Person aus diesem Stadium befreit und in einen Folge- beziehungsweise Endzustand überführt werden. Die zweite Person wird in der Geschichte durch den alten Mann verkörpert, der während des Sammelns von Kaninchenfutter auf den Jungen trifft.[24] Diese Begegnung nimmt schließlich einen für die Geschichten der Trümmerzeit eher untypischen Ausgang an. Beide Figuren wagen die zwischenmenschliche Kommunikation, wobei bei dem fremden Mann unklar ist, ob er auch von seinen Mitmenschen isoliert ist. Da dieser jedoch die Konversation beginnt und im Gegensatz zum Jungen keine Merkmale der Abschottung zeigt, lässt sich nur vermuten, dass er nicht isoliert wurde. Allerdings ist dieser Aspekt für den Verlauf der Geschichte nicht weiter relevant. Folglich gelingt der Kontakt und Jürgen lässt sich scheinbar darauf ein den Herrn zurück in die Realität zu begleiten. Schließlich hat der Mann die Worte des Lehrers bezüglich der Nachtaktivität von Ratten negiert, Jürgen mit einer Lüge davon überzeugen können, dass diese nachts schlafen und sogar vereinbart ihn am Abend abzuholen. Zwar ist dieses Ende ein eher außergewöhnliches, allerdings darf nicht außer Acht gelassen werden, dass es sich hier dennoch um ein offenes Ende handelt.[25] Als Leser erfährt man nämlich nicht, ob der alte Mann wirklich zurück kommt, ob Jürgen ihn wirklich begleitet oder was passiert, wenn Jürgen erfährt, dass er angelogen wurde. Demnach zeichnet sich der Endzustand durch eine sich darbietende Chance des vorübergehenden Entkommen der Isolation aus, während seine wirkliche Zukunft und damit auch das Ende der Kurzgeschichte (typischerweise) offen bleibt.[26]

3.3 Leblosigkeit vs. Lebendigkeit

Ähnlich dem Verlauf der Handlung lassen sich anhand von ausgewählten Worten und Beschreibungen in der Geschichte ebenfalls Veränderungen festmachen. So beginnt die Kurzgeschichte in einer äußerst negativen Atmosphäre der Leblosigkeit.[27] Dies bestätigen Personifizierungen wie „in der vereinsamten Mauer gähnte" (30) oder „die Schuttwüste döste" (30). Des Weiteren unterstreichen Worte wie „Staubgewölke" (30), „Schornsteinreste" (30) oder „dunkel, leise" (30) die Wirkung der grauen und vereinsamten Umge-

---

24 Vgl. ebd., S.47.
25 Vgl. Brockington: „Ein Ja in das Nichts hineinbauen", S. 29 f.
26 Vgl. Hans-Gerd Winter: „Nachts schlafen die Ratten doch", S. 47.
27 Vgl. Brockington: „Ein Ja in das Nichts hineinbauen", S. 28.

bung.[28] Auch die Hauptfigur zeigt zu Beginn nur sehr wenig Regung und verhält sich zurückhaltend und ängstlich:[29] „Er hatte die Augen zu" (30), „als er ein bisschen blinzelte" (30), „Jetzt haben sie mich!" (30) oder „er riskierte ein kleines Geblinzel" (30). Zudem weicht Jürgen vorerst den Fragen des Mannes aus: „Das kann ich nicht sagen" (30), was seine Zurückhaltung unterstützt. Doch dem unbekannten Mann gelingt es Jürgen in ein Gespräch zu verwickeln, woraufhin Jürgen allmählich seine Zurückhaltung abbaut, seine Neugierde nicht mehr verstecken kann und lebendiger wird. Durch eine geschickte Gesprächsführung lässt der Herr Jürgen wieder ein Kind sein:[30] „Dann sage ich dir natürlich auch nicht, was ich hier im Korb habe" (31). Diese Formulierung lässt Jürgen aus sich heraus kommen, denn er weiß selbstverständlich, was sich in dem Korb des Mannes befindet: „Donnerwetter, ja! [...], bist ja ein fixer Kerl" (31) mit diesen Worten wird er sofort vom Fremden gelobt. Als nächstes stellt ihm der Mann eine Rechenaufgabe, die Jürgen selbstbewusst löst:[31] „[...] siebenundzwanzig. Das wußte ich gleich" und Jürgen beginnt dem Herrn mehr und mehr Vertrauen zu schenken. Indes wirkt Jürgen immer wacher und lebendiger, denn er „machte einen runden Mund" (31), sobald ihm der Unbekannte erzählt, dass er siebenundzwanzig Kaninchen besitzt. Als ihm der Mann dann auch noch verspricht, dass Jürgen sich eines der Kaninchen aussuchen kann, wäre er in der Lage den Trümmerhaufen zu verlassen, teilt Jürgen ihm auch mit, warum er dort Wache hält:[32] „[...] es ist wegen den Ratten [...], die essen doch von Toten. [...] Mein Bruder, der liegt nämlich da unten" (32). Augenblicklich kommt dem Fremden die Idee Jürgen mithilfe einer Notlüge von seiner „Pflicht" zu befreien. Er stellt die Worte „Ratten essen von Toten" von Jürgens Lehrer in Frage und kann ihn davon überzeugen, dass Ratten nachts schlafen. „[...] mit einmal [sah er] ganz müde aus", denn dass Ratten nicht nachtaktiv sind würde für ihn bedeuten, dass er endlich schlafen kann. Immerhin hielt er bereits „seit Sonnabend" (31) Wache. Dennoch nimmt das Vertrauen noch weiter zu. Zumal Jürgen jetzt in der Lage ist für die Nacht den Trümmerhaufen zu verlassen, bietet ihm der Unbekannte an ihn noch am selben Abend abzuholen, um mit ihm zusammen nach Hause zu gehen und dort mit seinem Vater über den Bau eines Kaninchenstalls zu sprechen.[33] An dieser Stelle erreicht die Lebendigkeit ihren Höhepunkt. Statt Jürgens teilweise sehr unsicheren Aussagen, äußert er

---

28 Vgl. Wilhelm Große: *Wolfgang Borchert. Kurzgeschichten.* München 1995. S. 52.
29 Vgl. Hans-Gerd Winter: „Nachts schlafen die Ratten doch", S. 47.
30 Vgl. Wilhelm Große: *Wolfgang Borchert*, S. 54.
31 Vgl. Wolfgang Borchert: „Nachts schlafen die Ratten doch", S. 31.
32 Vgl. ebd., S. 31 f.
33 Vgl. ebd., S. 32 f.

sich nunmehr mit Geschrei, er steht sogar auf. Auch der alte Mann artikuliert sich mit Rufen und seine Gangart gibt ebenfalls Auskunft darüber, wie belebt er Jürgen verlässt:[34] „Und der Korb schwenkte aufgeregt hin und her" (34). Das „Grün[e] Kaninchenfutter" (34), das „etwas grau vom Schutt [war]" (34) hebt zuletzt den wichtigsten Aspekt der Intention der jungen Generation noch einmal hervor. Am noch zu Beginn grau und leblos wirkenden Schauplatz taucht endlich ein Funken Hoffnung in Form von der Farbe Grün auf, deren Verbreitung die Autorinnen und Autoren mit ihrer Literatur beabsichtigt hatten. „Diese Hoffnung zu vermitteln und künftigen Zeiten als Beispiel vorzustellen, kann als Borcherts entscheidendes Anliegen in seiner Kurzprosa gelten."[35] Denn, „wenn Borchert in dieser Geschichte sehr zurückhaltend Farbadjektive gebraucht, so dürfte es durchaus angebracht sein, den wenigen genannten Farben auch symbolische Werte zuzumessen."[36] Infolgedessen unterliegt der Protagonist Jürgen einer Entwicklung, bei der er durch den fürsorglichen, alten Mann aus seiner Leblosigkeit zurück in das Leben geholt wird.[37]

3.4 Kind- vs. Erwachsensein

Demgegenüber steht ein weiterer Entwicklungsprozess, den die Hauptfigur im Laufe der Kurzgeschichte durchlebt. Zwar wurde bereits erwähnt, dass die geschickte Dialogführung des alten Mannes Jürgen wieder das Gefühl gibt ein Kind zu sein, doch inwiefern war er dies vorher nicht? Dazu betrachten wir erneut die Ausgangssituation der Geschichte. Der Protagonist hat seinen Bruder in einer Bombardierung seines Zuhauses verloren und dieser liegt nun vermutlich tot unter den Trümmern. Daraufhin hält Jürgen nun Totenwache. Auskünfte über die Eltern erhält man als Leser nicht, weshalb man nur mutmaßen kann, dass er diese auch verloren hat oder dass sie sich nicht für ihn interessieren. In beiden Fällen bleibt Jürgen isoliert und auf sich alleine gestellt, was ihn viel zu früh in eine Situation bringt, mit der Kinder normalerweise noch nicht konfrontiert werden.[38]
Dass Jürgen noch ein Kind ist bemerkt man sowohl an der Art und Weise, wie der Fremde mit ihm spricht – er stellt ihm Rechenaufgaben, erzählt ihm von seinen Kaninchen und Jürgen lässt sich von beidem „mitreißen" –, als auch an Jürgens Äußerung über seinen Leh-

---

34 Vgl. ebd., S. 33 f.
35 Robert Pichl: „Das Bild des Kindes in Wolfgang Borcherts Prosa (1975)". In: Rudolf Wolff (Hg.): *Wolfgang Borchert. Werk und Wirkung*. Bonn 1984. S. 114–123, hier: S. 115.
36 Wilhelm Große: *Wolfgang Borchert*, S. 53.
37 Vgl. ebd., S 53.
38 Vgl. Hans-Gerd Winter: „Nachts schlafen die Ratten doch", S. 47.

rer:[39] „[...] die essen von Toten. [...] Wer sagt das? Unser Lehrer." (32), die vermuten lässt, dass er noch zur Schule geht und seinem Lehrer viel Glauben schenkt. Außerdem teilt Jürgen dem Mann sein Alter mit: „Wie alt bist du denn? Neun."[40] Dennoch muss er sich in seinem jungen Alter schon mit dem Tod auseinandersetzen. Seine Reaktion, sich nicht von dem Ort wegzubewegen, an dem er seinen kleineren Bruder verloren hat, könnte man ebenfalls als eine für ein Kind typische Reaktion deuten. Allerdings wird er durch diese Erfahrung und diese Verantwortung, die er verspürt schon viel zu früh zum Erwachsensein gezwungen.[41] Zugleich ist die Angewohnheit des Rauchens von Jürgen[42] keine, die einem Kind zugesprochen wird. Es ist also eindeutig, dass sich Jürgen in einem für sein Alter unangebrachten Entwicklungsstadium befindet. Letztendlich ermöglicht der Kontakt mit dem fremden Mann Jürgen wieder ein Kind sein zu dürfen und sich auf einen möglichen neuen Spielgefährten (das Kaninchen) freuen zu können.[43] In der Literatur wird sogar von einer Vaterrolle gesprochen, die der Unbekannte für den Protagonisten einnimmt: „Der alte Mann hingegen erlöst den Jungen durch diese Fähigkeit aus seiner Isolation, was ein Akt selbstverständlicher Menschlichkeit darstellt. Er übernimmt dabei eine Vaterrolle."[44]

3.5 Der Kernsatz der Kurzgeschichte

Schlussendlich stellt der Titel der Kurzgeschichte „Nachts schlafen die Ratten doch" den Kernsatz jener dar. Dieser repräsentiert den Wendepunkt der Geschichte und die enthaltenen Worte sind damit, obwohl es sich um eine Lüge handelt, die ausschlaggebenden Worte der Geschichte. Erst durch das Aussprechen dieser Worte wird Jürgen sich seiner Erschöpfung bewusst und kann seine Verantwortung zumindest teilweise abgeben. Seine Gedanken kreisen nun nicht mehr um den Tod und das Leid, sondern um die Kaninchen, von welchen eines vielleicht bald ihm gehören wird. Zweifellos hätte ihm ansonsten „in der Isolation und Nähe zur Leiche [...] ein vorgezogener Tod gedroht."[45]

---

39 Vgl. Wolfgang Borchert: „Nachts schlafen die Ratten doch", S. 32.
40 Ebd., S. 31.
41 Vgl. Hans-Gerd Winter: „Nachts schlafen die Ratten doch", S. 47.
42 Vgl. Wolfgang Borchert: „Nachts schlafen die Ratten doch", S. 32.
43 Vgl. Wilhelm Große: *Wolfgang Borchert*, S. 53.
44 Hans-Gerd Winter: „Nachts schlafen die Ratten doch", S. 49.
45 Ebd., S.49.

4. Fazit

Mit dem Abschluss dieser Seminararbeit sollte deutlich geworden sein, dass es sich bei der Kurzgeschichte „Nachts schlafen die Ratten doch" um ein typisches Werk der Trümmerliteratur handelt.

Die permanent gegenwärtige Negativität in Form von Trümmern, Ungewissheit und Tod konfrontiert den Leser direkt mit den Kriegsereignissen. Es wird beim Schildern jener Ereignisse kein Blatt vor den Mund genommen. Stattdessen werden wirklichkeitsgetreue Ausschnitte aus der Zeit nach dem Krieg dargestellt. Wolfgang Borchert hat unter anderem mit diesem literarischen Werk als einer der bekanntesten Nachkriegsautoren somit über das geschrieben, woran die meisten Menschen zu der Zeit nicht mehr denken wollten.

Er beschrieb beispielhaft anhand von Jürgen, was zu der Zeit viele Menschen durchmachen mussten. Wie Jürgen wurden viele von ihren Familien getrennt. Ihre Angehörigen verstarben oder verschwanden und man war vielleicht psychisch und im schlimmsten Fall auch noch physisch so mitgenommen, dass man sich von seiner Umwelt isolierte. Doch die Trümmerliteratur sollte die Menschen zum Nachdenken anregen. Sie sollten nachvollziehen, dass man sich mit den Ereignissen auseinandersetzen muss, um damit abschließen zu können. Es sollten bessere Zeiten kommen, denn der Krieg war überstanden. Solch eine positive Zukunft, wie Jürgen sie in dieser Geschichte scheinbar in Aussicht hatte, war sehr untypisch für die Geschichten der Nachkriegszeit. Dennoch konnte anhand der Notlüge des alten Mannes gegenüber des Jungen deutlich werden, dass erst ein von beiden Beteiligten gewollter zwischenmenschlicher Kontakt zu einem möglichen Austritt aus der alten Lebensart und zu dem Eintritt in ein neues Leben führen kann.

Das Negative bietet – so kann man es als wichtigen Aspekt festhalten – als Ausgangspunkt den Anstoß zu neuen Verhaltensweisen. So konnten in der Kurzgeschichte „Nachts schlafen die Ratten doch" die Isolation und das zu frühe, erzwungene Erwachsensein einzig und allein durch eine Notlüge (zumindest für den Moment) „rückgängig" gemacht werden. Hierdurch wurde Jürgen endlich seine für sein Alter selbstverständliche Kindheit zurückgegeben. Dies zeigt, „daß die chaotischen Kräfte begrenzt sind, daß ihnen Humanität, und sei es die in der einfachsten Form, wie sie in dem Mann daherkommt, Einhalt gebieten kann."[46]

---

46 Wilhelm Große: *Wolfgang Borchert*, S. 54.

5. Literaturverzeichnis

Primärliteratur

Borchert, Wolfgang: „Nachts schlafen die Ratten doch". In: Werner Bellmann (Hg.): *Klassische deutsche Kurzgeschichten*. Stuttgart 2003.

Sekundärliteratur

Al-Ali, Mahmoud: „Schuldkomplex der Heimkehrgestalt im literarischen Werk von Wolfgang Borchert". In: Claudia Glunz/Thomas F. Schneider (Hg.): *Krieg und Literatur/War and Literature. Jahrbuch/ Yearbook XIII (2007)*. Göttingen 2008. S. 104–111.

Brockington, Joseph L.: „Ein Ja in das Nichts hineinbauen: Möglichkeiten und Formen der Hoffnung in der Literatur der Nachkriegsgeneration. Wolfgang Borchert und die ‚junge Generation'." In: Gordon Burgess/Hans-Gerd Winter (Hg.): *Pack das Leben bei den Haaren. Wolfgang Borchert in neuer Sicht*. Hamburg 1996. S. 22–35.

Große, Wilhelm: *Wolfgang Borchert. Kurzgeschichten*. München 1995.

Meyer, Anne Rose: *Die deutschsprachige Kurzgeschichte. Eine Einführung*. Berlin 2014.

Pichl, Robert: „Das Bild des Kindes in Wolfgang Borcherts Prosa (1975)". In: Rudolf Wolff (Hg.): *Wolfgang Borchert. Werk und Wirklung*. Bonn 1984. S. 114–123.

Winter, Hans-Gerd: „Nachts schlafen die Ratten doch". In: Werner Bellmann (Hg.): *Interpretationen. Klassische deutsche Kurzgeschichten*. Stuttgart 2004. S. 46–51.

Zongjian, Hu: „‚Trümmerliteratur' und ‚Wundenliteratur' (*Arcadia. International Journal for Literary Studies*, 01. Jan. 1987)". http://www.digibib.net/permalink/468/EDS/edb:1031 07129 (21.09.2016).

BEI GRIN MACHT SICH IHR WISSEN BEZAHLT

- Wir veröffentlichen Ihre Hausarbeit, Bachelor- und Masterarbeit

- Ihr eigenes eBook und Buch - weltweit in allen wichtigen Shops

- Verdienen Sie an jedem Verkauf

Jetzt bei www.GRIN.com hochladen und kostenlos publizieren